La peur
qui rôde

TANGO

Dans la même collection

La Fin du monde,
par Philippe Djian et
Hoorst Haack

www.editionsalternatives.com

H.P.
texte
Lovecraft
Romain
illustrations
Fournier

Traduit de l'américain par Yves Rivière

La peur qui rôde

ÉDITIONSALTERNATIVES

I
La peur qui rôde

3
Apres des kilometres de foret vierge et de collines.
notre petite voiture n'eut pas la force de monter
la derniere pente boisee
Le Mont des tempêtes
Les vieux arbres frappes par la foudre semblaient etrangement grands et tordus, et le reste de la vegetation epais et charge de
1

Il y avait de l'orage dans l'air, la nuit où je me rendis à la maison abandonnée du Mont des Tempêtes pour y découvrir « la peur qui rôde ». Je n'étais pas seul, car la témérité ne se mêlait pas encore, chez moi, à cet amour du grotesque et de l'horrible qui a fait de moi un éternel errant, en quête de ce qu'il y a de plus étrange et de plus terrible dans la littérature et dans la vie. Deux hommes robustes et fidèles m'accompagnaient. Ils avaient une longue habitude de ce genre d'expéditions, auxquelles ils convenaient parfaitement et je les avais fait venir le moment venu.

Nous avions quitté le village discrètement, à cause des journalistes qui ne cessaient d'y rôder depuis la panique affreuse du mois précédent, lorsque était venue cette vision de cauchemar, la mort rampante. Plus tard, pensais-je, ils pourraient me servir ; mais je ne voulais pas d'eux en ce moment. Plût à Dieu que je les eusse laissés effectuer ces recherches eux-mêmes ! Je n'aurais pas été obligé de porter si longtemps ce secret, et de le porter seul, de crainte que le monde ne me croie fou, ou ne sombre dans la folie à cause des implications démoniaques de

Elle se dressait au sommet de la colline
LE JOURNAL
HIER crimes sordides
Le spectre des Martense
assassinat de cinquante victimes
Les journaux avaient publié des récits circonstanciés de la catastrophe
qui, pour la première fois, avait attiré
Abandonnée, évitée de tous, elle se dressait
Lieues de France de 25 au degré
Lieues de Pays Bas de 20 au degré
Ter Schelling
Schiermonnik Oog
Dokkum
Texel
Alkmaar
Coevorden
E
Album XXX
C'est une colline perdue, isolée dans cette partie des Catskills à peine touchée par cette civilisation hollandaise, dont les seuls vestiges sont constitués par de rares maisons et une population montagnarde dégénérée habitant de pitoyables hameaux. Les hommes normaux sont rarement allés dans ces parages avant la formation de la police d'état.
LA
VIEILLE
MAISON

tout cela. Si je me suis résolu à parler, c'est que j'ai peur que l'obsession ne me mène à la démence, et maintenant je voudrais n'avoir jamais rien caché. Je suis seul à connaître la vérité sur la peur qui rôdait dans la montagne fantomatique et déserte.

Après des kilomètres de forêt vierge et de collines, notre petite voiture n'eut pas la force de monter la dernière pente boisée. La nuit, sans la foule habituelle des enquêteurs, l'aspect du pays était encore plus sinistre que d'ordinaire ; aussi fûmes-nous souvent tentés d'allumer les phares à acétylène, qui risquaient pourtant d'attirer l'attention. Ce paysage n'était vraiment pas agréable une fois la nuit tombée, et je crois que j'aurais remarqué son apparence morbide même en ignorant tout de la peur qui y rôdait. Il n'y avait pas de bêtes sauvages – elles se tiennent coites au voisinage de la mort. Les vieux arbres frappés par la foudre semblaient étrangement grands et tordus, et le reste de la végétation épais et chargé de fièvres, tandis que de curieux monticules et de petits tertres hérissaient la terre volcanique couverte d'herbes folles, évoquant des serpents et des crânes humains de proportions gigantesques.

Les journaux avaient publié des récits circonstanciés de la catastrophe qui, pour la première fois, avait attiré l'attention du monde sur la région. C'est par eux que j'appris, très tôt, que la peur rôdait depuis plus d'un siècle sur le Mont des Tempêtes. C'est une colline perdue, isolée dans cette partie des Catskill à peine touchée jadis par la civilisation hollandaise, dont les seuls vestiges sont constitués par de rares maisons et une population montagnarde dégénérée habitant de pitoyables hameaux. Les hommes normaux sont rarement allés dans ces parages avant la formation de la police d'État, et même maintenant les patrouilles y sont rares. La peur cependant est de tradition depuis longtemps dans les villages voisins. C'est le principal sujet de conversation des pauvres montagnards, lorsqu'il leur arrive de quitter leur vallée pour échanger des corbeilles, tressées à la main, contre les objets de première nécessité que, ni la chasse, ni l'élevage, ni leurs mains ne peuvent leur procurer. La peur rôdait sans cesse dans la maison des Martense. Abandonnée, évitée de tous, elle se dressait au sommet de la colline en pente douce à qui la fréquence des orages a valu le nom de Mont des Tempêtes.

Depuis plus de cent ans, la vieille maison de pierre, entourée d'arbres, était le sujet de récits extravagants, incroyablement hideux, dont le thème était la mort, sous la forme d'un colossal démon, silencieux et rampant, qui sortait l'été. On répétait en gémissant qu'après la tombée de la nuit il s'emparait des voyageurs solitaires : parfois il les emportait, parfois il les laissait sur place, affreusement déchiquetés et rongés. On prétendait également que des traces de sang menaient à la maison abandonnée. D'après certaines personnes, c'était le tonnerre qui faisait sortir le démon de sa retraite ; d'après d'autres, au contraire, le tonnerre était sa voix même.

Personne, hormis les gens de la forêt, n'avait cru à ces contes variés et contradictoires qui décrivaient de manière incohérente et délirante le démon à peine entrevu. Pourtant personne, fermier ou villageois, ne doutait que la maison des Martense fût hantée par un vampire. L'histoire locale interdisait d'ailleurs d'en douter, bien qu'on en eût jamais eu la preuve. Pourtant nombreux étaient ceux qui s'étaient livrés à des recherches, après avoir entendu de la bouche des montagnards des récits particulièrement forts. Les aïeules savaient des contes étranges sur le spectre des Martense. Elles parlaient de la bizarre dissymétrie des yeux qui était un trait héréditaire de la famille ; de sa longue et curieuse histoire ; du crime enfin qui l'avait vouée à la malédiction.

Nous avions creuse l'apres-midi meme
une tombe dans lacave
UN COLOSSAL démon

La catastrophe qui m'avait incité à me rendre sur place était la brutale et sinistre confirmation des plus étranges de ces légendes. Une nuit d'été, après un orage d'une violence sans précédent, le pays fut mis en émois par les montagnards en proie à une terreur panique, qu'on ne pouvait attribuer à des hallucinations. Ces pauvres êtres hurlaient et frémissaient au souvenir de l'innommable terreur qui avait fondu sur eux. Personne ne mit leurs paroles en doute. Ils n'avaient rien vu, d'ailleurs, mais les cris provenant d'un des hameaux prouvaient assez que le démon rampant était passé.

Le matin, des habitants du village et des policiers à cheval suivirent les montagnards à l'endroit où, disaient-ils, la mort

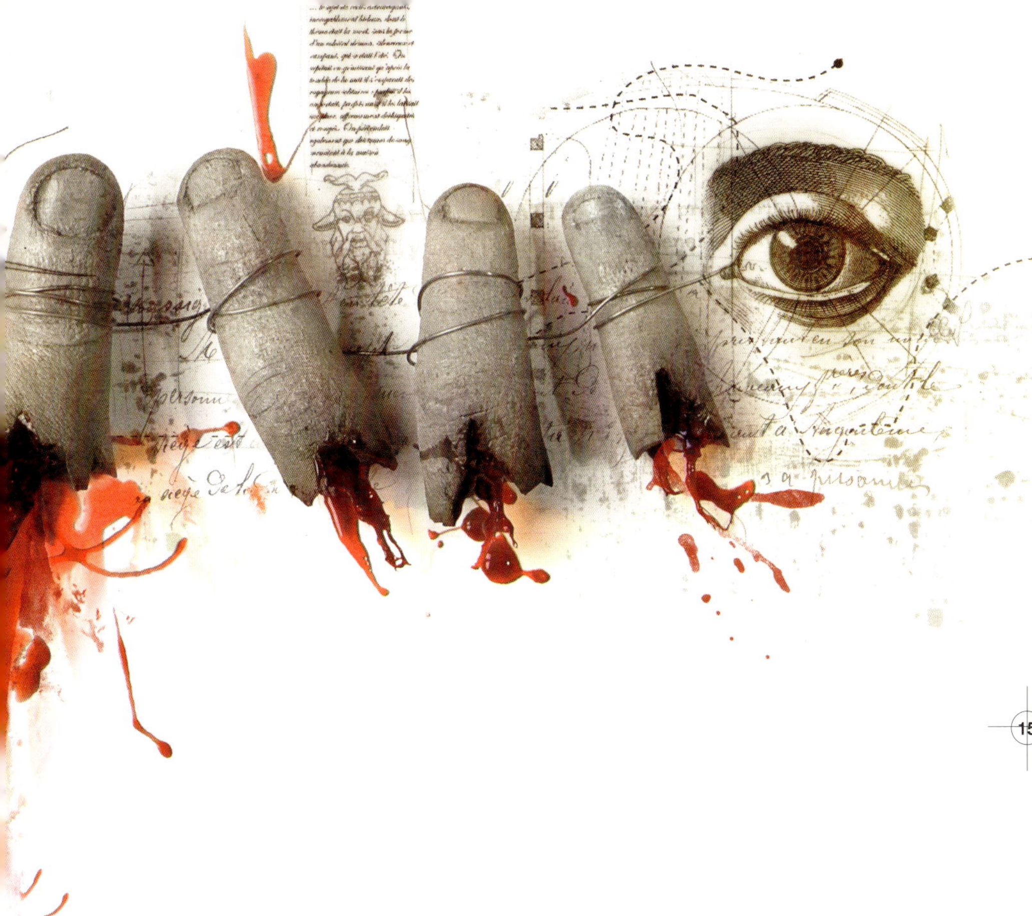

était venue. La mort y était, en effet. Dans l'un des villages, le sol s'était creusé comme sous l'effet de la foudre, emportant plusieurs de ces taudis malodorants. À ce dommage matériel s'ajoutait une dévastation organique qui le rendait insignifiant ; l'endroit avait peut-être abrité soixante-quinze personnes ; on n'y voyait plus âme qui vive.

La terre en folie était couverte de sang et de débris humains qui n'exprimaient qu'avec trop de force les ravages exercés par des dents et des griffes démoniaques ; pourtant, aucune trace ne partait du lieu du carnage. Personne ne fit de difficulté pour admettre qu'il s'agissait d'un animal monstrueux et nul n'osa suggérer qu'il s'agissait peut-être d'un de ces crimes sordides qui se commettent parfois dans les communautés décadentes. On finit cependant par le dire, lorsqu'on apprit que vingt-cinq personnes n'étaient pas au nombre des cadavres.

Même ainsi, il était difficile d'expliquer l'assassinat des cinquante victimes par cet autre tiers. Mais il restait qu'une nuit d'été le feu du ciel avait laissé, en tombant dans le village maudit, cinquante cadavres horriblement rongés, mutilés et déchiquetés. Dans leur émotion, les gens du pays y virent un rapport avec la maison des Martense, bien qu'elle fût distante de plus de cinq kilomètres. Les policiers, plus sceptiques, n'examinèrent que rapidement la maison au cours de leurs investigations et, constatant qu'elle était entièrement abandonnée, ne s'en occupèrent plus. Mais les gens du pays l'inspectèrent avec le plus grand soin ; on retourna tout dans la maison, on sonda les mares et les buissons, on fouilla la forêt voisine. Tout fut vain ; le démon n'avait pas laissé d'autre trace que cette destruction.

Dès le second jour de l'enquête, l'affaire avait été complètement exposée par les journaux dont les correspondants ne cessaient de parcourir le Mont des Tempêtes. Ils décrivaient la maison, avec un grand luxe de détails, et tentaient d'élucider le mystère en interrogeant les vieillards du pays. Je suivis d'abord le récit de ces horreurs avec nonchalance, car je suis un connaisseur en la matière, mais au bout d'une semaine, ayant décelé une atmosphère troublante, je me mêlai, le 5 août 1921, aux journalistes qui emplissaient l'hôtel de Lefferts Corner, le village le plus proche du Mont des Tempêtes, qui servait de quartier général aux enquêteurs. Au bout de trois semaines, le départ des journalistes me donna la liberté de mettre sur pied une expédition fondée sur l'enquête minutieuse à laquelle je m'étais livré en attendant.

50
cinqante cadavres
rapidement
anges, mutilés et déchiquetés.
50
cadavres
On prétendait
menaient à la maison
abandonnée.

Donc, par une nuit d'été déchirée de lointains roulements de tonnerre, je quittai la voiture silencieuse et montai, avec mes deux compagnons armés, jusqu'au sommet couvert de bosses du Mont des Tempêtes ; les rayons de ma lampe électrique éclairaient les murs d'un gris spectral que laissaient entrevoir les chênes géants, dans la solitude nocturne.

La maison, vaste et massive, produisait une impression de terreur vague que le jour même ne dissiperait pas ; malgré tout je n'hésitai pas, puisque j'étais venu pour vérifier une hypothèse. À mon avis, le tonnerre faisait sortir le démon mortel de sa cachette ; et que ce démon fût un être matériel ou une vapeur pestilentielle, j'avais bien l'intention de le voir.

J'avais déjà fouillé la maison de fond en comble, aussi mon plan était-il tout prêt. J'avais décidé de m'installer, pour faire le guet, dans ce qui avait été la chambre de Jan Martense, dont le meurtre occupe tant de place dans les légendes du pays. Il me semblait que l'appartement de cette ancienne victime était celui qui convenait le mieux à mes projets.

La pièce, d'environ six mètres, contenait, comme les autres, tout un fatras, vestige du mobilier d'autrefois. Située au second étage, à l'angle sud-est de la maison, elle était éclairée par deux fenêtres sans vitres ni volets, une grande à l'est et une petite à l'ouest. En face de la plus grande se dressait une immense cheminée hollandaise, revêtue de carreaux de faïence illustrant l'histoire du fils prodige ; en face de la petite fenêtre, un vaste lit avait été aménagé dans le mur.

Les roulements du tonnerre, bien qu'assourdis par les arbres, allaient en augmentant. Je mis au point mon plan. Je commençais par fixer côte à côte, au bord de la grande fenêtre, les trois échelles de corde que j'avais apportées. Je savais, pour les avoir essayées, qu'elles permettraient d'atterrir sur l'herbe en

malgré tout je n'hésitai pas,
puisque j'étais venu pour vérifier une hypothèse.
A mon avis, le tonnerre faisait sortir le
démon mortel de sa cachette
1921
... les rayons de ma lampe électrique entraient les murs d'un gris spectral que laissaient entrevoir les chênes ... dans la solitude nocturne.
La maison des Martense
&
... je quittai la voit... ...et montai, avec mes deux compagnons armés, jusqu'au sommet...
La maison, vaste et massive, produisait une impression de terreur vague que le jour même ne dissiperait pas

un endroit commode. Puis, aidé par mes deux compagnons, j'allai chercher dans une pièce voisine un grand lit à colonnes que je traînai latéralement contre la fenêtre. Après l'avoir recouvert de branches de sapin, nous nous étendîmes, nos automatiques à portée de main. L'un de nous devait veiller pendant que les deux autres se reposeraient. De quelque côté que vînt le démon, notre fuite était assurée : s'il venait de l'intérieur de la maison, nous devions nous sauver par les échelles de corde ; s'il venait de l'extérieur, il nous restait la porte et l'escalier. D'après ce qui était déjà arrivé, nous ne pensions pas qu'il nous poursuivrait jusque-là, même en mettant les choses au pire.

Je veillai de minuit à une heure. À ce moment, malgré l'atmosphère sinistre de cette maison, le tonnerre et les éclairs, je fus pris d'une étrange somnolence. J'étais allongé entre mes deux compagnons, Georges Bennett du côté de la fenêtre et William Tobey du côté de la cheminée. Celle-ci me fascinait étrangement, je n'arrivais pas à en détacher mes regards. Bennett dormait, saisi apparemment de la même somnolence que moi, et je désignai Tobey pour monter la garde ; pourtant lui aussi commençait déjà à dodeliner de la tête.

Le tonnerre, de plus en plus fort, avait dû influencer mes rêves ; mon bref sommeil fut plein de visions d'apocalypse. Je m'éveillai à moitié, sans doute parce que Bennett, en dormant, avait jeté son bras en travers de ma poitrine. Je n'étais pas suffisamment éveillé pour voir si Tobey s'acquittait convenablement de ses devoirs de guetteur. Cependant j'étais très anxieux ; jamais la présence du mal ne m'avait oppressé à ce point. Je dus me rendormir, car c'est d'un chaos plein de fantasmes que j'émergeais lorsque des cris hideux déchirèrent la nuit, des cris tels que je n'en avais jamais entendu ni même imaginé.

Pl. XXV.
La pièce, d'environ six mètres, contenait, comme les autres, tout un fatras, vestige du mobilier d'autrefois. Située au second étage, à l'angle sud-est de la maison, elle était éclairée par deux fenêtres sans vitres ni volets, une grande à l'est et une petite à l'ouest. En face de la plus grande se dressait une immense cheminée hollandaise, revêtue de carreaux de faïence illustrant l'histoire du fils prodigue; en face de la petite fenêtre, un vaste lit avait été aménagé dans le mur.
le lit
petite fenêtre
cheminée hollandaise
grande fenêtre
porte
La chambre
Rue
Echelle de 1 2 3 4 5 6 Toises
LA CHAMБЯE
samedi 6 octobre
les trois échelles de corde

Lombre que je voyais sur c
cheminee n'etait ni celle d
George Benett ni celle d'au
creature humaine, mais une
malie prodigieuse...
L'OMBRE QUE JE VOYAIS
sur cette cheminée
Puis vint cet éclair destructeur qui ébranla la montagne tout entière, illumina les recoins les plus profonds de la forêt séculaire, et fendit le plus vieux des arbres tordus. L'éclaire démoniaque d'une monstreuse boule de feu réveilla brusquement le dormeur et, à la lueur qui venait de la fenêtre, j'aperçus brusquement son ombre sur l'immense cheminée d'où je n'avait pu détacher mon regard.
10
Fig.10
8
3

Au milieu de ces cris, la terreur et l'angoisse frappaient du fond de l'âme aux portes d'ébène de l'oubli, follement et sans espoir. Je m'éveillai pour entrer dans un univers de folie rouge, plein de démons moqueurs, et je crus descendre dans un abîme de terreur inconcevable. Il n'y avait pas de lumière, mais sentant le vide à ma droite, je compris que Tobey était parti, Dieu seul savait où. Sur ma poitrine reposait encore le bras lourd du dormeur de gauche.

Puis vint cet éclair destructeur qui ébranla la montagne tout entière, illumina les recoins les plus profonds de la forêt séculaire, et fendit le plus vieux des arbres tordus. L'éclair démoniaque d'une monstrueuse boule de feu réveilla brusquement le dormeur et, à la lueur qui venait de la fenêtre, j'aperçus brusquement son ombre sur l'immense cheminée d'où je n'avais pu détacher mon regard. Que je sois encore vivant et sain d'esprit est un miracle que je ne puis comprendre. Non, je ne le puis, car l'ombre que je voyais sur cette cheminée n'était ni celle de Georges Bennett ni celle d'aucune créature humaine, mais une anomalie prodigieuse, un blasphème vivant, sorti du fond de l'enfer, une abomination sans forme et sans nom que l'esprit se refuse à concevoir et que la plume est impuissante à décrire.

L'instant d'après, je me retrouvai seul dans la maison maudite, tremblant et hurlant de peur. Georges Bennett et William Tobey étaient partis sans laisser de traces, ni même de lutte. Nul n'a plus jamais entendu parler d'eux.

HOTEL
COIFFEUR
PARFUMERIE
Je ne sais plus comment je parvins à retrouver la voiture, à la mettre en marche et regagner le village sans êtres vu; je me rappelle seulement les arbres titanesques aux branches tourmentées, les roulements de tonnerre démoniaques, et les ombres venues d'au-delà du Styx sur les monticules qui parsemaient la région.
508324
HZ 33-0
HZ 33-0

II

Un passant dans la tempête

Après cette épouvantable aventure dans la maison cernée par la forêt, je restai couché quelques jours, à bout de nerfs, dans ma chambre d'hôtel de Lefferts Corner. Je ne sais plus comment je parvins à retrouver la voiture, à la mettre en marche et à regagner le village sans être vu ; je me rappelle seulement les arbres titanesques aux branches tourmentées, les roulements de tonnerre démoniaques et les ombres venues d'au-delà du Styx sur les monticules qui parsemaient la région. À force de réfléchir, en tremblant, à l'ombre que j'avais vue sur la cheminée et dont l'aspect défiait la raison, je compris que j'avais mis au jour une au moins des horreurs suprêmes de l'univers, une de ces flétrissures sans nom des ténèbres extérieures dont nous entendons parfois les faibles grouillements au bord extrême de l'espace et contre lesquelles notre vision limitée nous a miséricordieusement immunisés. L'ombre que j'avais vue, j'osais à peine l'analyser ou l'identifier... « La chose » s'était allongée cette nuit-là entre la fenêtre et moi et, frémissant de terreur, je ne pouvais rejeter le désir instinctif de savoir ce que c'était.

Si seulement elle avait grogné, ou aboyé, ou ri, même, il me semble que cette impression de hideur insondable aurait disparu. Mais non, c'est en silence qu'elle avait posé sur moi son bras lourd, ou sa jambe... Il s'agissait évidemment de quelque chose d'organique... Jan Martense, dont nous avions envahi la chambre, était enterré près de la maison... Il me fallait retrouver Bennett et Tobey, s'ils étaient encore en vie... Pourquoi l'ombre les avait-elle emportés, m'épargnant seul ?... Dormir est si accablant et rêver si horrible...

Au bout de quelques jours, je me rendis compte que, si je ne voulais pas m'effondrer complètement, il me fallait raconter mon histoire à quelqu'un. J'avais déjà décidé de poursuivre mes recherches, car il me semblait, dans mon innocence, que l'incertitude était pire que tout, même si la vérité était terrible. Aussi je me résolus à ce qui semblait la meilleure solution : choisir un confident et retrouver les traces de « la chose » qui avait fait disparaître mes deux compagnons et dont j'avais vu se profiler l'ombre de cauchemar.

Les gens que je connaissais le mieux à Lefferts Corner étaient les journalistes. Quelques-uns d'entre eux étaient restés pour recueillir les derniers échos de la tragédie, et c'est parmi eux que je décidai de choisir un compagnon. Plus je réfléchissais, plus mes préférences m'entraînaient vers un

charognard
machiavelique
Jan Martense

Un Homme
nous comminiqua le journal intime de son aieul
35 ans
Un certain Arthur Munroe, brun et maigre, age de trente-cinq ans environ. que son education, ses gouts, son intelligence et son caractere semblaient annoncer comme un homme qui ne se laisserai pas arreter par des idees conventionnelles...
Un homme nous comminiqua le journal intime de son aieul, admirablement revelateur, et nous eumes de longs entretiens avec les rares montagnards que la terreur n'avait pas fait fuir.

certain Arthur Munroe, brun et maigre, âgé de trente-cinq ans environ, que son éducation, ses goûts, son intelligence et son caractère semblaient annoncer comme un homme qui ne se laisserait pas arrêter par des idées conventionnelles.

Un après-midi du début de septembre, je lui racontai mon histoire. Je vis tout de suite qu'il l'écoutait avec intérêt et sympathie ; lorsque j'eus fini, sa façon d'analyser le problème dénotait une grande acuité d'esprit et un excellent jugement. Il me donna, en outre, des conseils fort judicieux : selon lui, il fallait suspendre les opérations à la maison Martense jusqu'à ce que nous possédions davantage de détails historiques et d'éléments géographiques. Sur son initiative, nous parcourûmes le pays à la recherche d'informations concernant la famille Martense. Un homme nous communiqua le journal intime de son aïeul, admirablement révélateur, et nous eûmes de longs entretiens avec les rares montagnards que la terreur n'avait pas fait fuir. Nous décidâmes de faire précéder notre tâche principale – l'examen complet et définitif de la maison, à la lumière de son histoire détaillée – d'un examen également complet et définitif des lieux associés aux différentes tragédies rapportées par la légende.

Les résultats de ces examens ne furent guère concluants au début ; l'ensemble pourtant paraissait indiquer une tendance significative, à savoir que toutes ces horreurs avaient eu lieu en général dans des endroits relativement proches de la maison abandonnée, ou reliés à elle par des parties de forêt où la végétation trop riche avait quelque chose de morbide. Il y avait, il est vrai, des exceptions. En fait, le massacre qui avait attiré l'attention du monde sur la région s'était produit dans un espace sans arbres, aussi éloigné de la maison que la forêt.

Sur l'apparence et la nature du démon, on ne pouvait rien tirer des villageois effrayés et stupides. Ils le qualifiaient à la fois de serpent et de géant, de démon de la foudre et de chauve-souris, de vautour et d'arbre en marche. Pour nous, nous pensions qu'il s'agissait d'un organisme vivant très sensible aux phénomènes électriques des orages. Bien que certains récits fissent allusion à des ailes, il nous semblait, en raison de son aversion pour les grands espaces vides, que la créature en question devait probablement marcher. La seule objection valable était la rapidité avec laquelle elle avait dû se déplacer pour accomplir tous les actes qui lui étaient attribués.

Lorsque nous connûmes mieux les montagnards, nous les trouvâmes, par beaucoup de côtés, étrangement sympathiques. Ils étaient simples comme des bêtes, retournant d'ailleurs doucement à l'état animal, en raison de leur malheureuse hérédité et de leur isolement abêtissant. Malgré leur crainte des étrangers, ils s'habituèrent à nous peu à peu et finalement nous apportèrent une aide non négligeable lorsque, au cours de nos recherches, nous entreprîmes de battre les fourrés et de démolir tous les murs intérieurs de la maison.

Quand nous leur demandâmes de nous aider à retrouver Bennett et Tobey, ils montrèrent un chagrin sincère : ils voulaient bien collaborer avec nous, mais ils savaient que mes malheureux compagnons avaient, comme les leurs, quitté définitivement ce monde. Nous étions convaincus de la mort et de la disparition des hommes du village, ainsi que de l'extermination des bêtes sauvages. Nous nous préparions avec appréhension à d'autres tragédies.

Au milieu d'octobre, nous fûmes étonnés d'avoir avancé si peu. Les nuits étaient claires, il ne s'était rien passé, et la vanité de nos recherches, pourtant complètes, nous faisait presque considérer « la peur qui rôde » comme un être immatériel. Nous

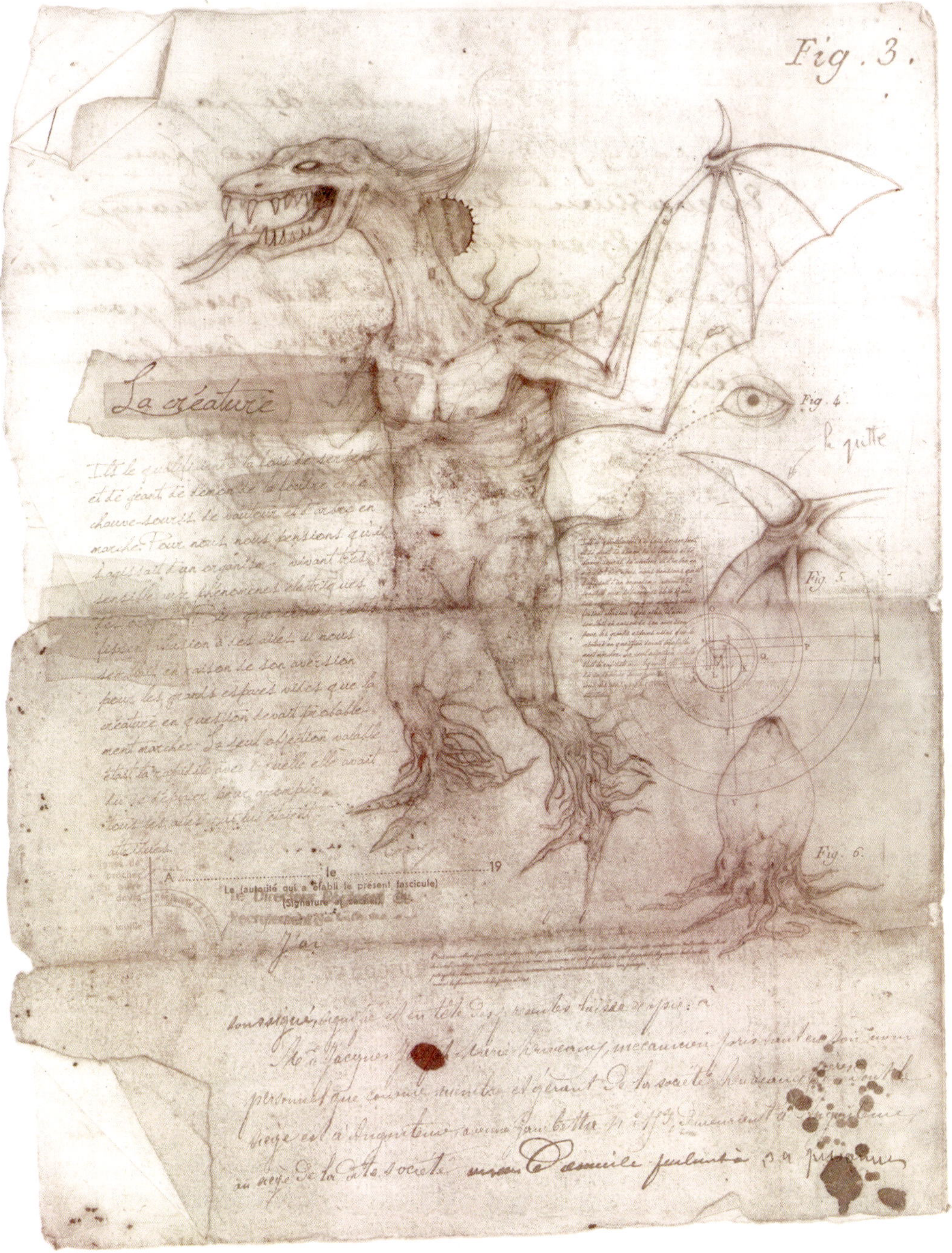
Fig. 3.
La créature
Fig. 4.
Fig. 5.
Fig. 6.
Le (autorité qui a établi le présent fascicule)
(Signature et cachet)

Un certain Arthur Munroe, brun et maigre, age de trente-cinq ans environ, que son educa-
tion, ses gouts, son intelligence et son caractere semblaient annoncer comme un homme qui
ne se laisserai pas arreter par des idees conventionnelles... admirablement revelateur, et nous
Un homme nous communiqua le journal intime de son aieul, que la terreur n'avait pas fait fuir.
eumes de longs entretiens avec les rares montagnards

Demolir tous les MURS

... nous entreprimes de battre les fourres et de demolir tous les murs interieurs de la maison. Quand nous leur demandames de nous aider a retrouver Bennett et Tobey, ils montrerent un chagrin sincere : ils voulaient bien collaborer avec nous, mais ils savaient que mes malheureux compagnons avaient, comme les leus, quitte definitivement ce monde ; nous etions convaincus de la mort et de la disparition des hommes du

demolir tous les murs

Fig. 3.

redoutions la venue du froid qui nous empêcherait de poursuivre nos recherches, puisque, de l'avis général, le démon se tenait toujours tranquille en hiver. Aussi fût-ce avec une sorte de hâte désespérée que nous nous livrâmes, pour la dernière fois, à un examen en plein jour dans le hameau frappé par l'horreur, abandonné maintenant par les montagnards, tant ils en avaient peur.

Le village maudit n'avait jamais eu de nom lui-même. Il s'étendait depuis longtemps dans une faille sans arbres située entre deux sommets appelés respectivement Cone Mountain et Maple Hill. Il était plus proche de celui-ci que de l'autre, quelques-unes des frustres demeures étant, en réalité, creusées dans le flanc de Mapple Hill. Il se trouvait à près de trois kilomètres au nord-ouest de la base du Mont des Tempêtes, et à cinq environ de la maison au milieu des chênes. Entre le hameau et la maison, il y avait bien trois kilomètres entièrement déserts, du côté du hameau ; la plaine était à peu près nue ; seuls s'y dressaient quelques monticules, semblables à des serpents, et la maigre végétation se composait d'herbe et de plantes desséchées. En examinant la topographie, nous avions fini par conclure que le démon avait dû venir par Cone Mountain, qui se prolongeait au sud par un bois jusqu'à une courte distance de l'éperon ouest du Mont des Tempêtes. Nous fîmes remonter la trace du soulèvement de terrain jusqu'à un éboulement venant de Mapple Hill : la foudre, tombant sur un grand arbre isolé, avait fait sortir le monstre.

En inspectant pour la vingtième fois chaque centimètre du village maudit, Arthur Munroe et moi étions à la fois découragés et saisis d'une vague et nouvelle appréhension. Il était singulier, même pour des gens habitués à l'effroi et au mystère, de se trouver devant un endroit aussi dépourvu d'indices après des évènements aussi accablants. Nous marchions, sous un ciel qui devenait couleur de plomb, animés du zèle tragique et sans but que provoque l'impression mêlée de la futilité et de la nécessité de l'action. Nous revîmes tout avec un soin minutieux, entrant de nouveau dans toutes les chaumières, fouillant chaque trou de la montagne à la recherche de cadavres, inspectant chaque centimètre du sol épineux pour voir s'il ne recelait pas quelque faille ou quelque caverne, mais tout cela sans résultat. Pourtant, comme je l'ai déjà dit, nous éprouvions une crainte vague, comme si de gigantesques griffons aux ailes de chauve-souris nous contemplaient par-delà les abîmes transcosmiques.

L'après-midi s'avançait et on y voyait de moins en moins ; le tonnerre se fit entendre tout à coup au-dessus du Mont des Tempêtes. Cela nous émut, naturellement, mais moins que s'il avait fait complètement nuit. En tout cas, nous espérions de toutes nos forces que l'orage continuerait une fois la nuit venue, et nous abandonnâmes nos recherches pour nous diriger vers le plus proche hameau habité : nous demanderions à un groupe de montagnards de nous accompagner. Malgré leur timidité, en effet, quelques jeunes gens étaient assez rassurés par notre autorité protectrice pour nous promettre leur concours.

Nous étions à peine partis que des torrents de pluie se mirent à tomber avec une telle violence qu'il fallut bientôt chercher un abri. Le ciel était si sombre qu'on se serait cru en pleine nuit, mais, guidés par les éclairs et par notre connaissance intime du terrain, nous ne tardâmes pas à atteindre, en trébuchant, la cabane la moins perméable du hameau : c'était un assemblage hybride de planches et de rondins, dont la porte et l'unique fenêtre minuscule donnaient sur Maple Hill. Nous réussîmes à barricader la porte pour nous protéger du vent et de la pluie, et à assujettir le grossier volet de bois que nos fréquentes fouilles nous avaient appris à trouver. C'était lugubre de rester dans cette

Le village maudit
La chambre
En inspectant pour la vin tieme fo
chaque centimetre du village maud
Artur Munroe et moi etions a la
decourages et saisis d'une
nouvelle apprehension. Il etait
gulier, meme pour des gens
a l'effroi et au mystere, de
ver devant un endroit
depourvu
ces actes
evenemen

Le tonnerre au-dessus du Mont des Tempetes

L'apres-midi s'avancait et on y voyait de moins en moins ; le tonnerre se fit entendre tout a coup au-dessus du Mont des Tempetes. Cela nous emut, naturelliment, mais moins qe s'il avait fait completement nuit. En tout cas nous esperions obscurité, assis sur des caisses ; heureusement nous avions nos pipes et, de temps à autre, nous éclairions la cabane avec nos lampes de poche. Par moments, nous voyions les éclairs par des fissures du mur. Le temps était si extraordinairement sombre que chaque éclair était bien visible.

Cette veillée dans l'orage me rappelait les moments affreux que j'avais connus sur le Mont des Tempêtes. Mon esprit se mit à retourner le problème qui ne cessait de se présenter à lui depuis cette nuit de cauchemar. Je me demandais, une fois de plus, pourquoi le démon, en approchant des trois dormeurs, soit de l'intérieur soit de l'extérieur, d'abord s'était emparé des hommes qui reposaient sur les côtés, laissant celui du milieu jusqu'à la fin, au moment où la boule de feu l'avait fait fuir. Pourquoi n'avait-il pas saisi ses victimes dans la succession qui se présentait, moi-même étant le second, quelle que fût la direction d'où il venait ? Avec quels tentacules démesurés saisissait-il ses proies ? Ou encore, savait-il que c'était moi le chef, me réservant pour un destin pire que celui de mes compagnons ?

Perdu dans mes réflexions, j'entendis brusquement, comme pour les intensifier, le bruit terrible de la foudre qui tombait tout à côté, immédiatement suivi de celui d'une avalanche. En même temps, le vent s'éleva. On eût dit d'abord des hurlements de loup, s'enflant peu à peu pour se terminer en ululements. Nous eûmes la certitude que l'arbre isolé de Maple Hill avait été frappé de nouveau et Munroe se dirigea vers la petite fenêtre pour s'assurer des dégâts. Lorsqu'il ôta le volet, le vent et la pluie s'engouffrèrent dans la cabane, avec un bruit assourdissant, et je ne pus saisir ses paroles. Il se pencha au-dehors, essayant de percer le mystère de la nature en délire.

LA CaBANE
Pour une Lunette qui
Jupiter accompagné de ses 4
1759

Nous ne tardames pas a atteindre, en trébuchant, la cabane la moins permeable du hameau ; c'etait un assemblage hybride de planches et de rondins, dont la porte et l'unique fenetre minuscule donnaient sur Maple Hill... Munroe se dirigea vers la petite fenetre pour s'assurer des degats. Lorsqu'il ota le volet, le vent et la pluie s'engouffrerent dans la cabane...

Peu à peu le vent s'apaisa et cette obscurité exceptionnelle diminua : l'orage allait finir. J'avais espéré qu'il durerait jusqu'à la nuit pour favoriser nos recherches, mais un furtif rayon de soleil apparut derrière moi, ôtant toute vraisemblance à cette idée.

Je dis à Munroe que nous ferions bien d'avoir un peu de lumière, même si la pluie devait reprendre, puis je déverrouillai la porte et l'ouvris. Dehors, le sol n'était plus qu'une masse informe de boue, de flaques d'eau et de petits monticules de terre provenant du dernier éboulement. Je ne voyais rien, cependant, qui justifiât l'intérêt de mon compagnon, toujours penché à la fenêtre et muet. Je traversai la pièce et lui touchai l'épaule, mais il ne bougea pas ; je le secouai en manière de plaisanterie et le fis tourner : je sentis alors la terreur me mordre comme un cancer venu du fond des âges et des abîmes insondables de la nuit éternelle.

Car Arthur Munroe était mort. Et dans ce qui restait de sa tête rongée et creusée ; il n'y avait plus de visage.

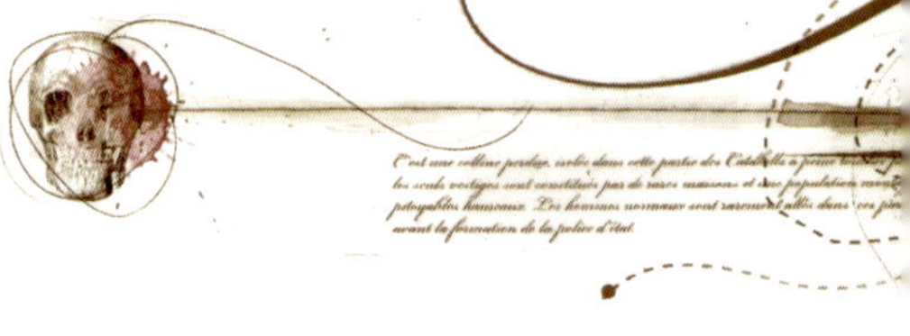

La Cabane 2
laisserai pas arreter par des idees conventionnelles...
Un homme nous comminiqua le journal intime de son aieul, admirablement revelateur, et nous
eumes de longs entretiens avec les rares montagnards que la terreur n'avait pas fait fuir.
fenetre pour s'assurer des degats. Lors
la pluie s'engouffrerent dans la cabane...

nuit du
lieu de
nbre
le sujet de récits extravagants, incroyablement hideux, dont le thème était la mort, sous la forme
nuit du 8 novembre 1921, au milieu des hurlements de la tempête, j'étais seul
et je creusais, comme un dément, dans la tombe de Jan Martense. J'avais
commencé à creuser dans l'après-midi, parce qu'un orage se préparait...
Le décor de l'endroit où je creusais aurait suffi à ébranler les nerfs d'un homme
ordinaire. Des arbres sinistres, de taille anormal et d'aspect grotesque, me
contemplaient d'en haut comme de scolonnes...
Un certain art
tion, ses goûts,
ne se laissera pas arrêter par des idées
Un homme nous communiqua le journal intime

III

La vérité sur la lueur rouge

La nuit du 8 novembre 1921, au milieu des hurlements de la tempête, j'étais seul et je creusais, comme un dément, dans la tombe de Jan Martense. J'avais commencé à creuser dans l'après-midi, parce qu'un orage se préparait ; et maintenant qu'il faisait nuit, et que l'orage grondait au-dessus des feuilles à l'épaisseur étrange, j'étais heureux.

Je crois que j'avais eu l'esprit passablement dérangé par ce qui était arrivé le 5 août : l'ombre monstrueuse dans la maison, la fatigue, la déception, et enfin, au mois d'octobre, ce que j'avais vu au hameau pendant l'orage. Après ce dernier événement, j'avais creusé une fosse pour un homme dont je ne comprenais pas la mort ; je savais que les autres ne comprendraient pas non plus. Aussi leur laissai-je croire qu'Arthur Munroe avait tout simplement disparu. On chercha partout, mais en pure perte. Les montagnards, eux, auraient pu comprendre, mais je n'osai pas les effrayer encore. Je semblais moi-même étrangement insensible. Le choc que j'avais éprouvé dans la maison sur la colline avait ébranlé mon cerveau ; j'étais obsédé par la recherche de ce monstre qui avait pris dans mon esprit des proportions gigantesques, recherche que le tragique destin d'Arthur Munroe me fit jurer de garder secrète.

Le décor de l'endroit où je creusais aurait suffi à ébranler les nerfs d'un homme ordinaire. Des arbres sinistres, de taille anormale et d'aspect grotesque, me contemplaient d'en haut comme les colonnes de quelque temple infernal, assourdissant le bruit du tonnerre et celui du vent, laissant passer quelques rares gouttes de pluie. Là-bas, au-delà des troncs meurtris, illuminés par de faibles éclairs, se dressaient les pierres humides et couvertes de lierre de la maison abandonnée ; un peu plus près s'étendait le jardin hollandais, aux allées et aux massifs pollués par une végétation surabondante, blanche, fétide et corrompue, qui n'avait jamais reçu la pleine lumière du jour. Tout près se trouvait le cimetière familial où des arbres difformes étendaient leurs branches folles, pendant que leurs racines, soulevant hideusement les dalles, suçaient les sucs vénéneux du sous-sol. De temps en temps, au-dessous du brun manteau de feuilles qui pourrissaient et suppuraient dans

LA MAISON DES MARTENSE
FUT BATIE EN 1670
PAR GERRIT MARTENSE
RICHE NEGOCIANT DE
LA NOUVELLE AMSTERDAM
Je croyais alors que cette peur qui rodait n'etait pas une chose materielle, mais un fantome aux crocs de loup qui chevauchait les eclairs a minuit. Je croyais en raison des nombreuses traditions locales que j'avais recueillies au cours de mes recherches en compagnie d'Arthur Munroe, que ce fantome etait celui de Jean Martense, mort en 1762.
4761-S

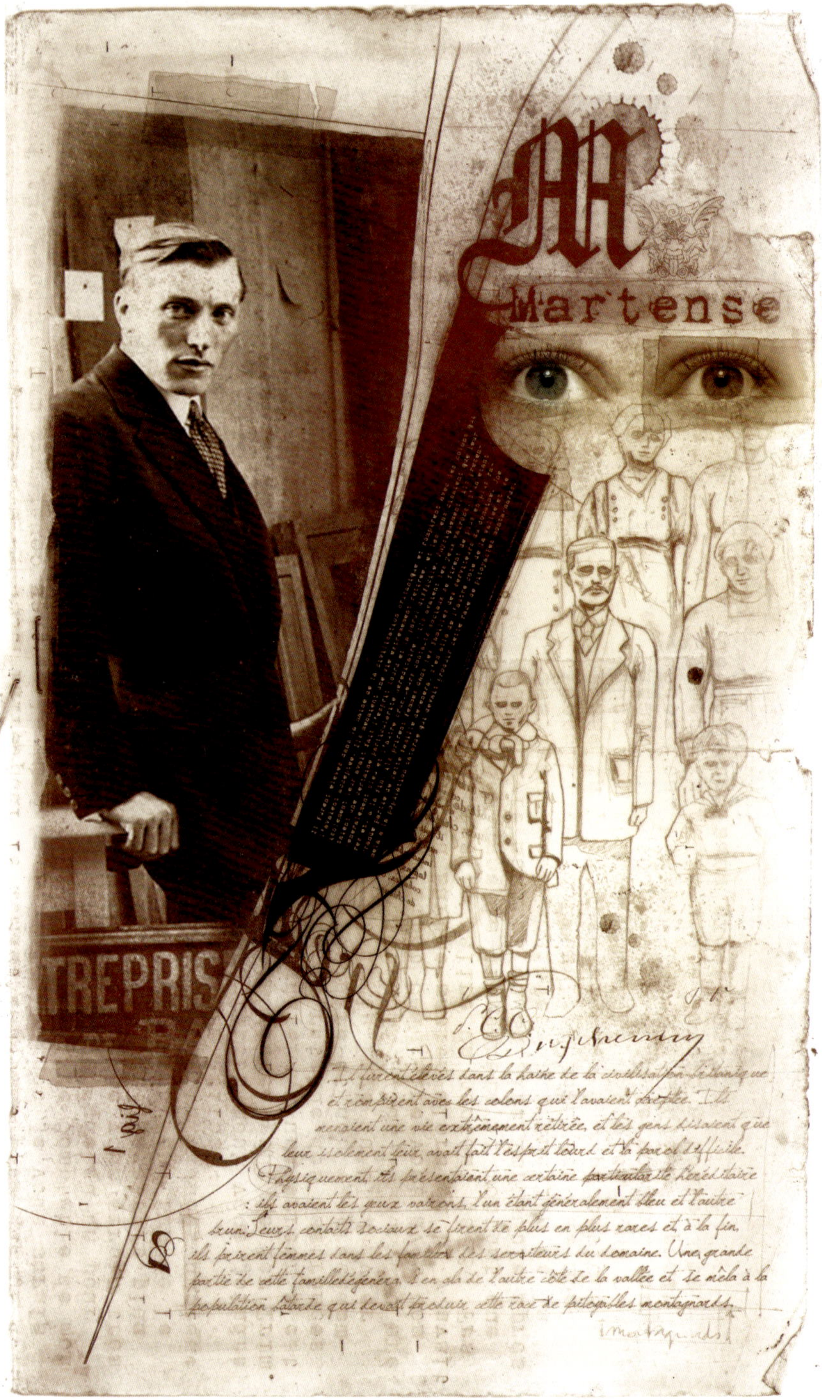
M
Martense
Ils furent élevés dans la haine de la civilisation britannique
et rompirent avec les colons qui l'avaient adoptée. Ils
menaient une vie extrêmement retirée, et les gens disaient que
leur isolement leur avait fait l'esprit lourd et la parole difficile.
Physiquement, ils présentaient une certaine particularité héréditaire
: ils avaient les yeux vairons, l'un étant généralement bleu et l'autre
brun. Leurs contacts sociaux se firent de plus en plus rares et, à la fin,
ils prirent femmes dans les familles des serviteurs du domaine. Une grande
partie de cette famille dégénérée s'en alla de l'autre côté de la vallée et se mêla à la
population bâtarde qui devait produire cette race de pitoyables montagnards.
montagnards

l'obscurité de cette forêt antédiluvienne, je pouvais déceler les contours sinistres de ces petits monticules qui semblaient caractéristiques de cette région meurtrie par la foudre.

C'est l'Histoire qui m'avait amené à cette tombe ancienne.

L'Histoire, en fait, était tout ce qui restait, maintenant que tout le reste avait sombré dans un satanisme dérisoire. Je croyais alors que cette peur qui rôdait n'était pas une chose matérielle, mais un fantôme aux crocs de loup qui chevauchait les éclairs à minuit. Je croyais, en raison de nombreuses traditions locales que j'avais recueillies au cours de mes recherches en compagnie d'Arthur Munroe, que ce fantôme était celui de Jan Martense, mort en 1762. C'est pourquoi, comme un dément, je creusais dans sa tombe.

La maison des Martense fut bâtie, en 1670, par Gerrit Martense, riche négociant de la Nouvelle-Amsterdam, qui haïssait le changement apporté par la souveraineté britannique. Il avait fait élever cette magnifique demeure dans une forêt isolée dont la solitude vierge et le décor étrange lui plaisaient. Sa seule déception était la fréquence des orages d'été. En choisissant cette colline pour y bâtir sa demeure, Mynheer Martense avait attribué ces phénomènes à une particularité de cette année-là, mais avec le temps il s'aperçut que l'endroit y était décidément sujet. À la fin, les orages lui donnant mal à la tête, il meubla une cave où il pût se retirer pour échapper à leur vacarme infernal.

On en sait moins encore sur les descendants de Gerrit Martense que sur lui-même, puisque tous furent élevés dans la haine de la civilisation britannique et rompirent avec les colons qui l'avaient acceptée. Ils menaient une vie extrêmement retirée, et les gens disaient que leur isolement leur avait fait l'esprit lourd et la parole difficile. Physiquement, ils présentaient une certaine particularité héréditaire : ils avaient les yeux vairons, l'un étant généralement bleu et l'autre brun. Leurs contacts sociaux se firent de plus en plus rares et, à la fin, ils prirent femmes dans les familles des serviteurs du domaine. Une grande partie de cette nombreuse famille dégénéra, s'en alla de l'autre côté de la vallée et se mêla à la population bâtarde qui devait produire cette race

Un certain Arthur Munroe, brun et maigre, âgé de trente-cinq ans environ, que son éducation, ses goûts, son intelligence et son caractère semblaient annoncer comme un homme qui ne se laisserai pas arrêter par des idées conventionnelles... Un homme nous comminiqua le journal intime de son aïeul.

ecouvrit ce a quoi il
cendait : un crane
blement ecrase...

de pitoyables montagnards. Les autres s'accrochèrent obstinément à la demeure de leurs ancêtres, de plus en plus ancrés dans l'esprit de clan, de plus en plus taciturnes et de plus en plus sensibles aux orages.

La plupart de ces renseignements parvinrent au monde extérieur par l'entremise de Jan Martense le jeune, personnage aventureux qui s'engagea dans l'armée des colons quand la nouvelle de la Convention d'Alba parvint au Mont des Tempêtes. Ce fut le premier des descendants de Gerrit Martense à voir le monde. Lorsqu'il revint, en 1760, après six ans de campagnes, son père, ses oncles et ses frères lui vouèrent la même haine qu'à un étranger, en dépit des yeux qu'il avait vairons comme tous les Martense. Il ne se sentait plus la force de partager les préjugés de sa famille ; les orages même de la montagne ne réussissaient plus à l'exciter comme autrefois. Au contraire, le pays le déprimait, et dans ses lettres à un ami d'Albany, il s'ouvrait fréquemment de son projet de quitter le toit paternel.

Au printemps de 1763, cet ami d'Albany, John Clifford, s'inquiéta du silence de son correspondant, surtout étant donné les circonstances et l'atmosphère querelleuse qui régnait chez les Martense. Décidé à rendre lui-même visite à Jan, il s'en alla à cheval dans la montagne. D'après son journal intime, il arriva au Mont des Tempêtes le 20 septembre et trouva la maison dans un grand état de délabrement. Les Martense, êtres taciturnes, aux yeux étranges, le rebutèrent par leur allure animale et négligée et lui dirent, de leur voix rauque, que Jan était mort. Ils précisèrent qu'il avait été tué par la foudre, l'automne précédent, et qu'il était enterré dans le jardin mal entretenu situé en contrebas. Ils lui montrèrent la tombe, nue, sans fleurs ni inscription. Les Martense déplurent à Clifford et leur comportement éveilla ses soupçons : une semaine plus tard, il revint avec une bêche et une pioche pour fouiller le cimetière. Il découvrit ce à quoi il s'attendait : un crâne horriblement écrasé, comme s'il avait reçu un coup violent. Dès son retour à Albany, Jonathan Clifford accusa ouvertement les Martense de l'assassinat de leur parent.

5
Les hangars
6
solstice d'ete
E

On manquait de preuves légales, mais l'histoire se répandit rapidement dans la campagne, et depuis ce temps les Martense furent tenus à l'écart. Personne ne voulait avoir affaire à eux et leur lointaine demeure, considérée comme maudite, était fuie de tout le monde. Ils réussirent cependant à ne dépendre de personne et à vivre des produits de leur domaine ; parfois des lumières venues de la lointaine colline attestaient qu'ils étaient toujours là. On les vit jusque vers 1810, mais les derniers temps, elles se faisaient de plus en plus rares.

Pendant ce temps, il se formait à propos de la maison et de la montagne un ensemble de légendes diaboliques. On n'en évita que plus assidûment la maison, et la tradition s'accrut de tous les mythes imaginables. Personne n'alla au Mont des Tempêtes jusqu'en 1816, date à laquelle les montagnards finirent par remarquer qu'il n'y avait plus jamais de lumières. On y fit alors une expédition en groupe et l'on trouva la maison abandonnée et en ruines.

Comme on ne découvrit pas le moindre squelette, on en déduisit que les Martense étaient partis avant de mourir. Ce départ semblait déjà ancien et des hangars improvisés montraient que la famille avait dû être très nombreuse les derniers temps. Son niveau de vie était tombé très bas, comme le prouvaient le mobilier délabré et l'argenterie dépareillée, qui devaient être inutilisés déjà longtemps avant le départ des propriétaires. Malgré ce départ on continua à avoir peur de la maison hantée. Cette peur s'intensifia lorsque des histoires de plus en plus étranges naquirent parmi les montagnards dégénérés. Abandonnée, redoutée et associée à jamais au fantôme de Jan Martense, telle elle était encore, cette nuit où je creusais dans sa tombe.

J'ai dit que je creusais comme un dément, et c'est vrai. J'avais eu tôt fait de déterrer le cercueil de Jan Martense – il ne contenait plus que de la poussière et du salpêtre – mais, dans mon désir forcené d'exhumer son fantôme, je fouillais maladroitement et sans méthode au-dessous de l'endroit où il avait reposé. Dieu seul sait ce que je m'attendais à trouver. J'avais seulement l'impression que je creusais dans la tombe d'un homme dont le fantôme rôdait la nuit.

Ma lampe de poche
Ma lanterne
s'était éteinte
Camina, camina, caminando voy
mochila que se llena dia a dia de nueva musiquita
caminando voy desde que vi la luz, caminando voy
Caminando ire hasta que se apague la luz, caminando ire
LE TUNNEL
Étant donne les circonstances, c'était un
événement prodigieux : l'existence d'un
souterrain confirmait mes théories les
plus folles. Ma lanterne s'était éteinte
dans ma chute, mais je tirai ma lampe de
poche et examinai le tunnel qui
s'étendait à l'infini dans deux directions

Deux yeux 2
J'avançais sans doute depuis un certain temps, et ma pile était presque
permis, éveillant en moi des souvenirs vagues et affolants.

Je ne puis dire à quelle profondeur monstrueuse j'atteignis avec ma bêche ; bientôt mes pieds traversèrent le sol et je tombai dans un trou. Étant donné les circonstances, c'était un événement prodigieux : l'existence d'un souterrain confirmait mes théories les plus folles. Ma lanterne s'était éteinte dans ma chute, mais je tirai ma lampe de poche et examinai le tunnel qui s'étendait à l'infini dans deux directions opposées. Il était largement assez vaste pour qu'un homme s'y glissât ; bien que nul être sain d'esprit ne s'y fût risqué en un pareil moment. J'oubliai le danger, la raison, et le souci de la propreté, dans mon idée fixe de faire sortir le démon de sa cachette. Je pris la direction de la maison et me glissai avec témérité dans l'étroit boyau ; j'avançais rapidement en rampant, tâtonnant comme un aveugle et ne me servant que rarement de ma lampe.

Quelle langue pourrait décrire ce spectacle ? Un homme, perdu dans les entrailles de la terre, avançait en se tordant, respirant avec peine, grattant le sol comme un fou, dans les détours ensevelis de cette obscurité sans âge. Le temps était aboli, je ne me souciais plus du danger, j'avais même oublié le dessein que je poursuivais. Certes il y a là quelque chose d'ignoble, mais c'est pourtant ainsi que la chose se passa. À la fin, le souvenir même de la vie s'effaça et je ne fis plus qu'un avec les taupes et les larves des profondeurs. Ce ne fut vraiment que par accident que j'appuyai sur le bouton de ma lampe électrique, de sorte qu'elle se mit à briller mystérieusement dans le boyau de terre desséchée qui continuait à se tordre et s'allonger devant moi.

J'avançais sans doute depuis un certain temps, et ma pile était presque à bout de course, lorsque, le couloir remontant brusquement, je dus changer ma manière d'avancer. Je levai les yeux, nullement préparé à voir briller au loin deux reflets démoniaques de ma lampe expirante, deux reflets d'une luminosité funeste sur laquelle le doute n'était pas permis, éveillant en moi des souvenirs vagues et affolants. Je m'arrêtai automatiquement, mais n'eus pas l'intelligence de retourner sur mes pas. Les yeux approchaient, et pourtant, de la créature à laquelle ils appartenaient, je ne distinguais qu'une griffe ; mais quelle griffe ! Puis, très loin au-dessus de ma tête, j'entendis un craquement que je reconnus : c'était le tonnerre de la montagne, saisi d'une fureur hystérique. Je remontais déjà depuis quelque temps, et la surface maintenant n'était plus très loin. Au bruit assourdi du tonnerre, ces yeux continuaient de me fixer avec une méchanceté froide.

Dieu merci, j'ignorais alors ce que c'était, sinon je serais mort. Mais je fus sauvé par le tonnerre qui avait appelé cette chose, car, après une attente atroce, éclata du ciel invisible un de ces coups de foudre dirigés contre la montagne et dont j'avais remarqué çà et là les répercussions, sous formes d'entailles dans la terre meurtrie, et de météorites de tailles diverses. Avec une rage cyclopéenne, la foudre déchira le sol au-dessus de ce puits damné, m'aveuglant et m'assourdissant, sans cependant me faire perdre complètement connaissance.

Dans le chaos de terre glissante et mouvante, je griffai et me débattis, jusqu'au moment où la pluie, tombant sur mon visage, me ranima ; je m'aperçus alors que j'étais revenu à la surface dans un endroit qui m'était familier, une pente abrupte et sans arbre de la montagne. D'autres éclairs illuminèrent le sol défoncé et les restes du bizarre petit tertre qui s'étendait depuis le sommet boisé, mais il n'y avait rien dans ce chaos qui me révélât l'endroit d'où j'étais sorti du souterrain mortel. Mon cerveau également était un chaos, mais en apercevant au loin une lueur rouge, je compris par quelle horreur je venais de passer.

Lorsque, deux jours plus tard, les montagnards me dirent ce que signifiait cette lueur rouge, je ressentis une horreur plus grande encore que celle qui déjà m'avait assailli dans le souterrain à la vue de la griffe et des yeux, car ce qu'elle impliquait était accablant. Dans un hameau éloigné de trente-cinq kilomètres, une orgie de terreur avait suivi le coup de foudre qui m'avait ramené à la surface, et une chose sans nom était tombée d'un arbre dans une cabane au toit branlant.

Elle avait eu le temps de frapper, mais les gens du pays, fous de rage, avaient mis le feu à la cabane avant qu'elle eût pu s'échapper. Cela s'était passé au moment même où la terre s'était effondrée sur la créature à yeux et à griffes.

LE CHAOS
je m'aperçus alors que j'étais revenu à la surface
la pluie, tombant sur mon visage,
me ranima
J
14 15
26 27
38 39
49 50

cinqante cadavres
Grrrrrrrrrraaal!!

IV
H
L'horreur dans les yeux
Un homme qui sachant ce que je savais sur le mont des
emptes chercherait dcouvrir seul la peur qui y rdait
serait anormal Que deux au moins des phnomnes qui
donnaient corps cette peur fussent dtruits ne donnait
quune mince garantie de scurit physique et mentale dans
cet Achron diabolique et multiforme Je nen continuai pas
moins mes recherches mon zle augmentant mesure que les
vnements devenaient de plus en plus monstrueux

Un homme qui, sachant ce que je savais sur le Mont des Tempêtes, chercherait à découvrir seul la peur qui y rôdait serait anormal. Que deux au moins des phénomènes qui donnaient corps à cette peur fussent détruits ne donnait qu'une mince garantie de sécurité physique et mentale dans cet Achéron diabolique et multiforme. Je n'en continuai pas moins mes recherches, mon zèle augmentant à mesure que les événements devenaient de plus en plus monstrueux.

Lorsque, deux jours après mon effroyable aventure dans cette crypte où j'avais vu les yeux et la griffe, j'appris qu'à trente-cinq kilomètres de là, un nouveau meurtre avait été commis au moment même où les yeux me regardaient, j'éprouvai les convulsions véritables de la terreur. Ce que j'éprouvais était un mélange de peur, de stupeur et de fascination, si intime qu'il en était presque agréable. Parfois, dans les affres du cauchemar, lorsque les puissances invisibles vous font tourbillonner au-dessus des toits d'étranges cités mortes vers l'abîme grimaçant de Nis, c'est un soulagement et presque un plaisir de hurler sauvagement et

J'allai voir la Tombe de
Jan Martense
et creusai vainement au même endroit.
Dès que je le pus, j'allai voir la tombe de Jan Mar-
tense et creusai vainement au même endroit. Un grand
éboulement avait effacé toute trace du passage souter-
rain, et la pluie
ds que je le pus jallai voir la tombe de Jan Martense et creusai vainement au mme
endroit un grand boulement
avait tellement repouss
profondeur javais creus
brle je ne fus gure pe
plusieurs ossements mai
et la pluie
jusqu quelle
la crature
mort avait t
de la cabane
agique je trouve
portait au monst

A
B
J'essayai de retrouver des traces dans la forêt obscure, mais cette fois je ne pus supporter la vue de ces fûts à l'air malsain, de ces racines semblables à des serpents qui se tordaient méchamment avant de s'enfoncer dans le sol.

de se jeter volontairement dans le noyau hideux des rêves et de sombrer dans les gouffres sans fond. Il en était de même pour ce cauchemar vivant du Mont des Tempêtes. Découvrir qu'il y avait en réalité deux monstres m'avait donné un désir fou de plonger dans le sol même de ce pays maudit et, de mes mains nues, de faire sortir de la terre empoisonnée la mort qui en couvrait chaque centimètre.

Dès que je le pus, j'allai voir la tombe de Jan Martense et creusai vainement au même endroit. Un grand éboulement avait effacé toute trace du passage souterrain, et la pluie avait tellement repoussé la terre dans l'excavation que je ne savais plus jusqu'à quelle profondeur j'avais creusé. Je me rendis également au hameau où la créature de mort avait été brûlée ; je ne fus guère payé de mes peines. Dans les cendres de la cabane tragique, je trouvai plusieurs ossements, mais aucun apparemment ne se rapportait au monstre. Les montagnards prétendaient qu'il n'y avait eu qu'une seule victime, mais à mon avis ils se trompaient, puisque à côté d'un crâne d'homme entier se trouvait un autre fragment d'os qui, sans nul doute, avait également fait partie d'un crâne humain. Bien qu'on eût vu tomber le monstre, nul ne pouvait dire à quoi il ressemblait ; ceux qui l'avaient vu disaient simplement que c'était un démon. Examinant l'arbre où il s'était tapi, je ne vis aucune marque particulière. J'essayai de retrouver des traces dans la forêt obscure, mais cette fois je ne pus supporter la vue de ces fûts à l'air malsain, de ces racines semblables à des serpents qui se tordaient méchamment avant de s'enfoncer dans le sol.

Puis je me mis en devoir d'examiner, une fois de plus, le hameau abandonné où la mort avait sévi davantage et où Arthur Munroe avait vu quelque chose que la mort l'avait empêché de décrire. Bien que mes recherches précédentes eussent été vaines en dépit de leur minutie, j'avais maintenant de nouveaux éléments d'information à éprouver. Mon horrible circuit dans la tombe m'avait convaincu que l'une au moins de ces créatures était souterraine. Cette fois, le 14 novembre, mes recherches concernèrent spécialement les flancs de Cone Mountain et de Maple Hill qui donnaient sur le malheureux hameau, et j'apportai une attention particulière à la terre meuble de la région où s'était produit l'éboulement sur Maple Hill.

L'après-midi ne m'apporta rien de nouveau et le crépuscule survint au moment où, de Maple Hill, je contemplais le hameau et le Mont des Tempêtes, de l'autre côté de la vallée. Le coucher de soleil avait été magnifique et la lune montait, presque entière, déversant sa lumière argentée sur la plaine, la montagne et les monticules qui s'élevaient çà et là. C'était un décor paisible et idyllique mais, sachant ce qu'il cachait, je me prenais à le haïr. Oui, je haïssais la lune moqueuse, la plaine hypocrite, la montagne pourrie et ces monticules empreints d'une alliance malfaisante avec des puissances cachées et tourmentées.

Là, comme je regardais vaguement le paysage au clair de lune, mon regard fut attiré par quelque chose de singulier dans la nature et la disposition de certains éléments topographiques. Sans avoir de notions bien précises de géologie, dès le début j'avais été intrigué par les monticules et les tertres qui couvraient la région. J'avais déjà remarqué qu'ils étaient nombreux autour du Mont des Tempêtes, et moins fréquents dans la plaine que sur la montagne elle-même. L'existence d'un glacier préhistorique expliquait sans doute cette moindre résistance aux caprices et à la fantaisie du sol. Maintenant, devant les ombres sinistres qui s'allongeaient au clair de lune, je me rendais compte clairement que les points et les lignes du réseau de monticules étaient également en rapport avec le sommet du Mont des Tempêtes. Le sommet était sans doute un centre d'où rayonnaient indéfiniment et irrégulièrement les lignes et les rangées de monticules, comme si la demeure des Martense eût étendu des tentacules de terreur visibles. Cette idée de tentacules me fit passer sur l'échine un

tertres
LES MONTICULES
fig 1
les terres et les tertres
comme je regardais vaguement le
mon regard fut
attiré par quelque chose de singulier
de certains
éléments topographiques. Sans avoir de notions bien
de géologie, dès
région, j'avais déjà remarqué qu'ils étaient nombreux autour du Mont des
Tempêtes, et moins fréquents dans la plaine que sur la montagne elle-même.

[dans le chaos
de terre glis
sante et mou
vante je
griffai et
dbattis jus
moment o
pluie tom
sur
me
maperus
que
revers
face
enfro
mtait
une
abru
arbre
monta
daut
illum
sol
les
bizarr
te

me mis à creuser
dans le monticule le plus proche

frisson incompréhensible, et je cessai d'analyser les raisons qui m'avaient incité à les prendre pour des phénomènes glaciaires.

Plus je réfléchissais, plus cette interprétation me semblait fausse, et brusquement de nouvelles idées se firent jour en moi : j'apercevais d'horribles et grotesques analogies entre l'aspect du sol et ce que j'avais vu lors de mon aventure souterraine. Sans m'en rendre compte, je me mis à répéter des mots sans suite : « Mon Dieu… les taupinières… Il faut fouiller tout cet infernal endroit… Combien… Cette nuit-là, à la maison abandonnée… elles ont saisi Bennett et Tobey d'abord… de chaque côté de moi… » Puis, frémissant, je me mis à creuser dans le monticule le plus proche de moi, à creuser avec désespoir et jubilation à la fois, à creuser comme un fou, lorsque enfin je criai de saisissement quand je découvris un tunnel ou un boyau, cxactement semblable à celui où j'avais rampé pendant cette nuit démoniaque.

Je me rappelle ensuite m'être mis à courir, bêche en main ; c'était affreux, cette course au clair de lune. Je traversai à toute allure des prés couverts de monticules, franchis d'un bond les crevasses malsaines et sans fond de la montagne hantée, et criant, haletant, je bondis à la maison maudite ; là, je me mis à creuser comme un fou dans toutes les parties de la cave étouffée par la bruyère, pour trouver le centre et le cœur de cet exécrable univers de monticules. Je me rappelle avoir éclaté de rire en rencontrant l'entrée du tunnel : un trou situé à la base de la cheminée ancienne. Il y poussait des herbes épaisses dont l'ombre prenait un aspect terrifiant à la lumière de l'unique bougie que, par hasard, j'avais sur moi. Quelle créature était tapie au fond de cette fourmilière d'enfer, attendant le tonnerre pour sortir, je l'ignorais. Deux hommes étaient morts, peut-être avait-ce été aussi sa fin. Mais il me restait ce désir brûlant d'atteindre le secret le plus intime de ce démon que je continuais à considérer comme une créature bien définie, matérielle et organique.

J'hésitai quelques minutes : allais-je me mettre immédiatement à explorer le souterrain, seul, à la lueur de ma lampe de poche, ou devais-je d'abord rassembler un groupe de montagnards pour me prêter main-forte ? Mes réflexions furent interrompues par un brusque coup de vent venu de l'extérieur qui, en éteignant ma bougie, me laissa dans l'obscurité la plus complète. La lumière de la lune ne traversait plus les crevasses et les ouvertures situées au-dessus de moi ; saisi d'une douloureuse appréhension, j'entendis le roulement sinistre et éloquent du tonnerre. Une multitude d'idées confuses s'empara de moi, et je me dirigeai à tâtons vers le coin le plus reculé de la cave. Mon regard, cependant, ne pouvait se détourner de l'horrible ouverture située à la base de la cheminée. Par moments, lorsque la faible lumière des éclairs, traversant les herbes au-dehors, illuminait les fentes du mur, j'apercevais les briques croulantes et les mauvaises herbes qui y croissaient. J'étais consumé d'un mélange de crainte et de curiosité qui allait croissant. Qu'est-ce que la tempête allait faire surgir ? À la lumière d'un éclair plus violent, j'allai m'installer derrière une touffe épaisse, au travers de laquelle je pouvais voir sans être vu.

Si le ciel est miséricordieux, un jour il effacera de ma mémoire le souvenir de ce que je vis ; il me laissera atteindre en paix ma dernière heure ; le sommeil me fuit et, quand il tonne, les narcotiques sont mon seul recours. « La chose » surgit brusquement. Rien ne l'annonçait. J'entendis d'abord, venant de profondeurs inconcevables, un bruit de galopade, un halètement infernal, un grondement sourd, et enfin je vis sortir, par l'ouverture située à la base de la cheminée, un jaillissement de vie multiple et repoussante, un flot abominable et ténébreux de corruption organique, mille fois plus hideux que les conjurations les plus noires de la folie et de la morbidité. Grouillante, bouillonnante, houleuse, écumante comme de la bave de serpent, s'étendant comme une maladie infectieuse, cette horreur sans nom sortait de ce trou béant, et débordait

Je me mis a creuser comme un fou dans toutes les parties de la cave etouffee par la bruyere, pour trouver le centre et le coeur de cet execrable univers de monticules. Je me rappelle avoir eclate de rire en rencontrant l'entree du tunnel : un trou situe a la base de la cheminee ancienne. Il y poussait des herbes epaisses dont l'ombre prenait un aspect terrifiant a la lumiere de l'unique bougie que, par hasard, j'avais sur moi. Quelle creature etait tapie au fond de cette fourmiliere d'enfer, attendant le tonnerre pour sortir, je l'ignorais.

de la cave par toutes les issues possibles pour se répandre dans les maudites forêts nocturnes et semer la terreur, la maladie et la mort.

« La chose » n'était pas une : elle se composait d'une infinité de créatures. Dieu sait combien il y en avait, des milliers sans doute, et voir leur flot à la lueur intermittente des éclairs était affreux. Lorsqu'elles se furent suffisamment essaimées pour être aperçues comme des organismes distincts, je vis qu'il s'agissait de singes nains et velus, ou de démons, caricatures monstrueuses d'une tribu animale. Leur silence était abominable. C'est à peine si j'entendis un cri lorsque l'une des créatures, avec l'habileté que donne une longue habitude, s'empara d'un de ses compagnons plus faibles pour s'en repaître. D'autres attrapèrent ce qui restait pour le manger goulûment. Alors, en dépit du vertige que me causaient la peur et le dégoût, la curiosité fut la plus forte : pendant que le dernier des monstres s'écoulait et quittait ce lieu infernal d'un cauchemar inconnu, je sortis mon automatique et tirai. Le coup de feu fut couvert par l'éclat du tonnerre.

Des ombres torrentielles, rouges et visqueuses, se poursuivaient, haletant et glissant, dans les corridors infinis du ciel violet et zébré d'éclairs… fantasmes sans forme, dessins d'un kaléidoscope vampirique… forêt de chênes monstrueusement nourris dont les racines en forme de serpent se tordaient, aspiraient d'innommables sucs dans la terre grouillante de démons cannibales… tentacules en forme de tertres, nés d'un noyau souterrain de pourriture perverse… éclairs de folie sur des murs couverts de lierre malsain… galeries démoniaques étouffées par une végétation putride…

Au bout d'une semaine, je me trouvai suffisamment remis pour faire venir d'Albany une équipe d'ouvriers qui fit sauter à la dynamite la maison des Martense et tout le sommet du Mont des Tempêtes. Ils écrasèrent tous les monticules visibles, détruisirent certains arbres trop florissants dont l'existence même

l'une des
Créatures
s'empara d'un de ses compagnons
plus faibles pour s'en repaître
je sortis mon automatique et tirai.
par l'éclat du tonnerre

était une insulte à l'équilibre de l'esprit. Tout ce lieu maudit disparut dans l'oubli. Après cela, je retrouvai un peu de sommeil. Mais je ne goûterai jamais un vrai repos tant que je me rappellerai cet indicible secret de la peur qui rôde. Il continuera à me hanter ; qui sait en effet si des phénomènes analogues ne se produisent pas dans le monde entier ? Qui, sachant ce que je sais, peut penser calmement aux cavernes inexplorées et à ce qui peut en sortir ? Je ne puis plus voir une entrée de métro ou un puits sans frémir… Pourquoi les médecins ne me donnent-ils pas quelque chose pour dormir, ou pour me calmer tout à fait quand il tonne ?

Ce que je vis cette nuit-là, à la lueur des éclairs, après avoir tiré sur cette chose rampante et sans nom, était si simple, qu'une minute presque s'écoula avant que j'eusse pu comprendre. C'est alors que je me mis à délirer.

« La chose » donnait la nausée, répugnant gorille blanchâtre aux crocs jaunes et pointus et à l'épaisse fourrure : c'était le stade final de la dégénérescence d'un mammifère, l'effroyable résultat d'alliances consanguines et de cette nutrition cannibale, aérienne et souterraine, le cœur de tout ce chaos, de ce grondement, de cette peur grinçante qui rôdent à l'arrière-plan de la vie. L'être, en expirant, m'avait regardé. Ses yeux avaient la même bizarrerie que ceux que j'avais aperçus dans le souterrain et qui avaient remué en moi de vagues souvenirs. L'un de ses yeux était bleu, l'autre marron. C'étaient les yeux vairons de la maison Martense dont parlait la légende, et je compris, muet d'une horreur bouleversante, ce qui était advenu de cette famille disparue, de cette famille terrible et sensible au tonnerre, de la sinistre famille Martense.

La Chose
LA CHOSE

les figurants

William Tobey
Nom : ORENGO
Prenom : Walter
Pseudo :

Georges Bennett
John Clifford
Nom :
Prenom :
Pseudo : Skey

Arthur Munroe
Nom :
Prenom :
Pseudo : la Fleuj

L' ouvrier
Nom : JAILLIARD
Prenom : Stephane
Pseudo :

Howard Phillips Lovecraft est né le 20 août 1890 à Providence, ville de la Nouvelle-Angleterre. De santé trop fragile, il doit interrompre ses études universitaires en 1914. Il se met alors à travailler comme nègre et écrit quelques articles journalistiques. Après un bref séjour à New York, un mariage et un divorce, il s'installe définitivement à Providence en 1926 où il rédige la majeure partie de son œuvre, s'inventant une mythologie personnelle avec ses propres dieux (Cthulhu, Shub-Niggurath…) et son livre sacré, *Le Nécronomicon.* Atteint d'un cancer de l'intestin, il meurt le 15 mars 1937.
S'il n'a rencontré que peu de succès de son vivant, H.P. Lovecraft est aujourd'hui considéré comme l'un des écrivains d'horreur les plus influents du XXe siècle.

Romain Fournier est graphiste, photographe et sculpteur. Ses travaux, mêlant techniques traditionnelles (dessin, peinture, photo...) et numériques, intègrent très souvent des caractères typographiques afin de créer des « images narratives ». Il a publié dans diverses revues et expose régulièrement, principalement à Paris. www.freaks.montaf.com

Je désignai Tobey pour monter la
William
Tobey
allon e entre mes deux compa nons, George Bennett du
de la fenetre et William Tobey du cote de la cheminee.
signai Tobey pour monter la arde ; pourtant lui aussi
cait deja a dodeliner de la tete. Le tonnerre, de plus
fort, avait du influencer mes reves ; mon bref sommeil
fut plein de visions d'apocalypse.

numéro éditeur : 172669

GRAPHISME
www.keppyroux.com
IMPRESSION
Just Colour Graphic, Barcelone
Achevé d'imprimer en janvier 2010

Imprimé en Espagne, Union européenne